Für: ....

Von: ....

ISBN 978-3-649-67086-5

Hafenweg 30, 48155 Münster, Germany

Mehr Informationen über den Autor im Internet: www.hans-kruppa.de

Textsatz und grafische Gestaltung: Janette Schroeder
Fotografien: S. 25: iStockphoto/Thinkstock; S. 170: Hemera/Thinkstock;
S. 176: iStockphoto/Thinkstock; S. 203: iStockphoto/Thinkstock
Alle übrigen Fotografien: www.shutterstock.com

www.coppenrath.de

Hans Kruppa

Gedanken,
die glücklich machen

COPPENRATH

Zeit hat nur,
wer sich erlauben kann,
sie im richtigen Moment
völlig zu vergessen.

Türen öffnen,
Räume entdecken,
Grenzen vergessen.

Wir sind weit mehr,
als wir ahnen.

Nicht immer den Gang
zum anderen machen,
wenn kein Wind
in den Segeln ist.
Einen neuen Anfang
aus sich selbst heraus finden.

Der Blick des Liebenden
taucht alles, was er berührt, in Leben.

Hilf den Hilflosen,
ermutige die Mutlosen
und versuche,
die Menschen zu verstehen,
bevor du sie verurteilst.

Weisheit kann immer nur
so tief sein wie die Seele, die sie gefunden hat.

Güte ist die Freude
des Herzens am Schenken.

Hast und Eile sind inzwischen
allgegenwärtig und so selbstverständlich,
daß sie uns als völlig normal erscheinen.
Dabei ist ihr Irrsinn offensichtlich,
denn wer rennt, anstatt zu spazieren,
übersieht das Wichtigste auf seinem Weg.

Letztlich zählt der Augenblick,
die unmittelbare Gegenwart,
in der allein das Leben
zu sich selbst und zu uns finden kann –
wenn wir es ihm erlauben.

Vertraue dir selbst, glaube an dich,
und du wirst etwas ausstrahlen,
das andere Menschen dazu bringt,
dir zu vertrauen, an dich zu glauben.

Skepsis und Zweifel machen
jeden Weg lang und schwer.
Vertrauen in die eigene Kraft
kann Flügel verleihen.

Unhaltbar

Kein Glück ist von Dauer,
aber auch kein Unglück –
die Vergänglichkeit ist
eine zuverlässige Kraft.
Doch das ist kein
Grund zur Resignation,

sondern ein zusätzlicher Reiz,
das Glück in vollen Zügen
zu genießen,
gerade weil es sich
nicht halten läßt.

Laßt nicht Blumen sprechen –
sprecht wie Blumen!

Gefühlssache

Nicht zu fühlen,
heißt nicht zu leben.
Leben, das sich nicht selbst fühlt,
ist ungelebt, ist ungeliebt,
mechanisch, seelenlos.

Fürchte dich vor dem Nichtfühlen!
Mit viel Gefühl!

Glück ist die Atemluft des Herzens,
der süße Sauerstoff der Seele.

Gefühle reagieren
oft empfindlich auf
die Berührung mit Worten.
Es ist viel wichtiger,
sie zu leben,
als sie zu benennen.

Tag am See

Warmer Wind auf der Haut,
Gitarrenmusik in den Ohren,
im Kopf, im ganzen Körper.
Frische Luft zum tiefen Atmen.
Der Seele Urlaub geben,
unschuldig den Augenblick leben –
– und spüren, wie das Lächeln
auf den Lippen von innen
wächst mit der Zufriedenheit
über diesen perfekten Tag am See,
den man schon vor dem Abend loben muß.

Lächeln ist stärker und wirkt besser
als Empörung, Aufregung und Beschwerde.
Leichtigkeit besiegt den schweren Gang.
Wohlwollen löst die falschen Grenzen auf.
Respekt und Sympathie gewinnen
am Ende immer auf der höchsten Ebene.
Also warum nicht von Anfang an auf sie setzen?

Der größte Schatz

Ich wünsch dir
Freude und Glück –
und daß du niemals
deinen Weg verlierst;
daß du genug Gründe
zu lächeln und zu lachen hast,
aber auch die Traurigkeit verstehst,
wenn sie dir etwas sagen will.

Wer sein Glück gut schützt,
hält jeden Zwang von ihm fern.

Bleibe geduldig

Verliere nicht deinen Mut
und deine Hoffnung,
wenn du eine
seelische Durststrecke
überstehen mußt.

Bleibe geduldig,
anstatt wertvolle Kraft
an Zweifel zu verschwenden.

Rechne nicht mit
der Beständigkeit
schöner Gefühle,
aber verlasse dich
auf die Beständigkeit
deiner Sehnsucht nach ihnen.

Hab nie Angst vor dem Ende,
wenn etwas Schönes anfängt.

Man kann nur so lange
einen Traum träumen,
bis der Verstand ihn versteht.

Zeit ist nicht Geld –
sie ist viel wertvoller.

Wer sein Augenmerk zu sehr
auf die Möglichkeiten richtet,
die ihm von außen verbaut werden,
verliert leicht den Blick
für die Möglichkeiten,
die er sich von innen freilegen könnte.

Zuruf

Komm, laß dich los.
Laß dich in den Schoß
des Lebens fallen –
– und das Leben fällt
dir in deinen.

Die Sehnsucht
ist immer unterwegs.
Ihre Heimat
ist die ständige Reise
ins Unbekannte.

Kleines Selbstportrait

Ich liebe die Liebe.
Ich habe die Freiheit
gesucht und gefunden,
meine Leidenschaften entdeckt
und gelernt, sie zu leben,
ohne unter ihnen zu leiden.
Ich schätze die Wahrheit
und brauche die Weisheit,
lasse mich von der Angst
nicht hinters Licht führen –
und umarme das Wunderbare,
ohne mich daran zu klammern.

Die Liebe ist ein
guter Kompaß des Herzens
auf der Suche
nach dem Glück.

Es ist besser zu verstummen,
als am Eigentlichen vorbeizureden.

Sei großzügig,
aber vergeude dich nicht.
Geh mit dem Leben,
aber bleib dir treu.

24. Januar

Es gibt keine Sicherheit –
aber ungemein viel Angst,
sie zu verlieren.

Man sollte sich prinzipiell
nichts zum Prinzip machen,
denn das Leben
erfordert die Fähigkeit,
spontan zu handeln,
aus dem Augenblick heraus.

Nimm dir Zeit

Tag für Tag an dir selbst vorbeizueilen,
kann nicht der Sinn deines Lebens sein.
Nimm dir die Zeit, die du brauchst,
um innerlich nicht zu verarmen –
Zeit für dich und für
inspirierende Begegnungen mit anderen.

Geistesgegenwärtig
ist der Mensch,
der im richtigen Moment
die Worte sagt,
die anderen meistens
zu spät einfallen.

Ich liege entspannt
im Sonnenschein des Herzens,
schaue in den wolkenlosen
Himmel des Bewußtseins
und genieße den
sanften Fluß des Seelenfriedens,
der sich in mir entfaltet
wie duftende Blütenblätter
und mich tief erfüllt
mit lächelnder Dankbarkeit.

Laß uns auf die Reise gehen,
die schon so lange auf uns wartet –
– die Reise ins ersehnte Unbekannte
und doch so Vertraute,
die Reise ins Herz des Lebens.

Nur wer ganz
in der Gegenwart lebt,
ohne sehnsüchtige Erinnerungen
an die Vergangenheit
und hoffnungsvolle Erwartungen
an die Zukunft –
nur der hat eine Chance,
daß die Gegenwart
auch ganz in ihm lebt.

Eine Wohnung
kann man beziehen.
Eine Beziehung
kann man bewohnen.
Aber zu Hause
fühlt man sich
nur in der Liebe.

Glaub an dich, dann hast du
einen Glauben, der dir weiterhilft.

Das Licht des
Wunderbaren im Alltag
erkennst du nur,
wenn du jedem
neuen Augenblick mit
offenem Herzen begegnest.

Die Liebe kann dich
um den Verstand bringen.
Der Verstand kann dich
um die Liebe bringen.
Besser, du verstehst die Liebe,
als daß du den Verstand liebst.

Manchmal wird dir
erst dann bewußt,
daß du etwas vermißt hast,
wenn dir jemand begegnet,
der es dir schenkt.

Eine Zeit, in der einem
viel genommen wird,
ist eine Zeit, in der einem
heimlich viel gegeben wird.

Aus Verantwortungslosigkeit
keimt Verantwortungsgefühl.
Aus Irrtümern wächst Einsicht.
Das Falsche ist oft
die Muttererde für das Richtige.

Lichtblick

Dem Lachen
in meinem Bauch
sind Flügel gewachsen,
die duften
in allen Farben
des Regenbogens
nach Musik.

Die Sonne an die Haut
und an die Seele lassen,
den Tag empfangen wie einen
lang vermißten Freund –
und innig umarmen.

Laß dir nicht
dein Lächeln zerstören,
die helle Freude
in deinem Inneren.

Auf der Hand

Das Glück liegt auf der Hand.

Unsichtbar, man muß es nur sichten.
Ungreifbar, man muß es nur begreifen.
Verborgen, man muß es nur bergen.

Das Glück liegt auf der Hand.
Solange sie sich nicht zur Faust schließt.

Leben ist ständiges Entscheiden,
Pendeln zwischen Freuden und Leiden,
Schwanken zwischen Angst und Vertrauen,
Niederreißen und Neuerbauen.
Und jeder ist selbst verantwortlich
für den Lauf des Lebens tief in sich.

Der beste Teil meines Lebens
ist immer der,
in dem ich mich gerade befinde.

Trinke aus der Quelle,
solange sie sprudelt.

Erfahrungswert

Was unter einem guten Stern steht,
das gelingt von selbst,
muß nicht zu seinem Glück
überredet werden,
bedarf keiner Überzeugungskraft,
es ist schon überzeugt
von der Fülle seiner eigenen Freude.

Im Haus meines Lebens
soll Heiterkeit herrschen,
Freude, Musik und Tanz.
Leichtigkeit soll die Zimmer erfüllen,
Lebenslust in der Luft liegen
und Wärme durch die Fenster strömen.

Im Haus meines Lebens

soll Zuversicht wohnen,
Schönheit alle Wände durchdringen
und Poesie in allen Räumen wirken.

Das Leben ist dein Freund.
Sei freundlich zu ihm.
Und wenn du willst,
daß es dich zum Lächeln bringt,
betrachte es lächelnd.

Du bist ein Teil deines Lebens.
Sei seine bessere Hälfte!

Wer langsam geht,
hat mehr vom Weg
und erreicht mehr
als nur ein Ziel.

Das Leben ist so leicht,
wie du es ihm machst –
– und so schwer,
wie du es dir machst.

Lieber echter Gleichgültigkeit,
als falscher Freundlichkeit begegnen.
Lieber einen Freund für alle Wetterlagen haben,
als ein Dutzend Schönwetterfreunde.

Mit der Geduld ist es wie mit den Arzneien.
Zu wenig bewirkt nichts. Zu viel kann schaden.
Man muß die richtige Dosis wissen.

Liebe ist die Kunst,
sich in den schönsten
und tiefsten Dimensionen
des Lebensgefühls aufzuhalten.

Du hast einen
wertvollen Menschen gefunden,
wenn das Zusammensein mit ihm
dich inspiriert, dir Kraft gibt,
gute Gefühle und Freude schenkt.

Mut und Zuversicht
sind Geschwister,
und ihre Mutter
heißt Selbstvertrauen.

Wer mit Liebe geizt,
wird immer ärmer.

Die Welt ist oft nur
ein Abbild
der eigenen Verfassung.
Ist man glücklich,
ist die Welt ein Paradies.

Wenn du das Glück
in deinem Leben
halten willst,
zeige ihm jeden Tag,
wie sehr du es liebst.

Sei geistesgegenwärtig!
Erlebe den Augenblick
mit offenem Herz
und wachen Sinnen,
damit du seine
wahre Bedeutung erkennst.

Echte Liebe schenkt Entspannung
und tiefe innere Ruhe.
Echte Liebe schenkt
Heiterkeit und ein Lächeln,
das sich selbst genügt.
Echte Liebe stillt die Sehnsucht
und stiftet Seelenfrieden.

Freundlichkeiten sind
Sonnenstrahlen im Dschungel des Alltags,
Rettungsringe im Meer der Anonymität,
kleine Hoffnungslichter im großen Nebel
der Abstumpfung und Gleichgültigkeit.

Über seinen eigenen Schatten springen
kann man nur auf der Sonnenseite.

Um einem Menschen
wirklich nahe zu kommen,
genügt es nicht,
mit ihm zu sprechen.
Du mußt auch schweigend
mit ihm reden können.

Es gibt zwei Arten des Lächelns.
Das eine kommt von innen,
ist Ausdruck eines guten Gefühls.
Das andere geht nach außen,
ist Anstrengung gewisser Gesichtsmuskeln.

Kleine Morgengymnastik

Ich stehe mit dem richtigen Fuß auf,
öffne das Fenster der Seele,
verbeuge mich vor allem, was liebt,
wende mein Gesicht der Sonne entgegen,
springe ein paarmal
über meinen Schatten
und lache mich gesund.

Die Freude schenkt dem Leben
Schönheit, Farbe und Sinn,
läßt sich nicht kaufen,
nicht erzwingen,
nicht berechnen.
Sie kommt,
wenn ihr danach ist –
und wir für sie offen sind.

Nimm deine Träume mit

Bleib in der
Schönheit deiner Träume,
nimm sie mit
ins Erwachen,
bleib ihnen nah
auf deinem Weg
durch den Tag.

Sie sind ein Schirm,
der dich schützt
vor dem sauren Regen der Realität.
Sie zeigen dir einen Weg,
den du gehen kannst,
wenn du befürchtest,
daß nichts mehr geht.

Harmonie der Töne
ist die Seele der Musik.
Harmonie der Gefühle
ist die Musik der Seelen.
Harmonie der Seelen
ist die Musik der Liebe.

Ein heiterer Weg,
langsam gegangen,
ist doppelt so schön.
Ein trauriger Weg,
schnell gegangen,
ist halb so traurig.

Was man braucht
und nicht findet,
muß man sich schaffen.

Manchmal sieht man
das Licht am Ende des Tunnels
nur deshalb nicht,
weil man den Kopf hängen läßt.

Wenn das Leben
sich auf seinen Ernst beruft,
berufe dich auf deine Heiterkeit.
Lache das Leben an,
wenn es allzu ernst daherkommt –
vielleicht kannst du es aufheitern!

Ich weiß,
was ich will.
Ich weiß nur nicht,
ob das Leben
es mir auch gibt –
es hat so viele
Wünsche zu erfüllen.

Ich werde es bestechen:
mit meiner wachsenden
Liebe zu ihm.

Den wirklich Freien
erkennt man daran,
daß er keine Angst hat,
seine Freiheit zu verlieren.

Von Glück kann ich reden,
weil der Tag ein schöner ist,
weil ich nur tue, was mir gefällt –
und ich in Einklang bin mit mir
und meiner Welt.

Von Glück kann ich reden

Weit und breit nichts als freie Zeit.
Weil ich sie ungehindert fließen lasse,
schenkt sie mir innere Wärme,
erfüllt mich tief und weit
mit Freude und mit Heiterkeit.

Mache nicht den Fehler,
die Wahrheit anderer Menschen
für deine eigene zu halten
und in ihre Fußspuren zu treten,
anstatt deine eigenen zu erzeugen.

Es zeugt von
großer Lebenskunst,
sich von guten Gefühlen
mitreißen zu lassen –
und den schlechten
zu trotzen wie ein
Fels in der Brandung.

Das Buch des Lebens
hat viele Seiten.
Doch das Leben ist immer
auf der Seite der Liebe.

Das Schönste in dir liegt
auf dem Grund der Seele –
wie ein versunkener Schatz.

Du erkennst es nur
mit geschlossenen Augen
und ganz stillem Verstand.

Skeptische Blicke
finden überall Mängel.
Nur vertrauensvollen Augen
offenbart das Leben
seine ganze Schönheit.

Kostbar ist jede Minute,
die geliebt und genossen,
der Heiterkeit gewidmet,
der Freude geschenkt
und in schöner Harmonie
mit sich selbst verbracht wird.

Nur den Menschen,
die du geliebt hast,
bist du wirklich begegnet.
Die anderen haben
deinen Lebensweg
nur gekreuzt.

Wir leben nur,
wenn wir das Leben lieben.

Laß uns nicht länger warten,
auf uns wartet ein Zauber,
der uns so sehr beglücken wird,
daß wir nicht verstehen werden,
warum wir so lange gezögert haben.

Frieden ist nicht nur die Abwesenheit
von Kampf, Streit und Krieg,
sondern vor allem die Anwesenheit
von Verständnis und Mitgefühl,
Sympathie und Harmonie.

Wer glücklich ist,
kennt keinen Neid.
Wer gut zu sich selbst ist,
dem liegt Mißgunst fern.
Wer mit sich in Frieden lebt,
legt keinen Wert auf Streit.

Du weißt nicht,
was du hattest,
bis du es verlierst.
Und du weißt nicht,
was du brauchst,
bis du es findest.

Alles Gute, das du
mit dem Kopf erkannt hast,
wird erst dann lebendig und bedeutend,
wenn es in dein Herz
und in deine Seele gesunken ist –
und von dort aus wirkt.

Bisweilen muß man
erst den falschen Weg gehen,
um den richtigen
finden zu können.
Manchmal ist ein Umweg
ein unvermeidlicher Teil
des Weges.

Wie es keine zwei Menschen
auf der Welt gibt,
die sich in allem gleichen,
gibt es keinen Tag,
der einem anderen gleicht.
Alles, was die Natur uns schenkt,
ist von Natur aus einzigartig.

Verabredung

Mit meiner Zukunft habe ich mich verabredet.
Gestern sah ich sie
zum ersten Mal in aller Klarheit.
Sie strahlte mich an;
ich ging ohne Scheu auf sie zu.

Alle fragen mich,
ob ich verliebt sei.

Wer im Land der Liebe wohnt,
verreist nicht gern.

Sensibilität
ist die Brücke
ins Reich der Magie.

Liebe ist
die Atemluft der Seele.

Was leuchten will

Was glücken kann,
das kann nur glücken,
wenn eine liebevolle Hand es berührt
und eine lächelnde Seele es inspiriert.

Was wirklich leuchten will,
braucht strahlende Augen, die es betrachten
in atemloser Verzauberung.

Nach dem Sinn
des Lebens fragt nur jemand,
der ihn nicht spürt.
Wer ihn spürt, genießt ihn.
Man nennt ihn
beispielsweise Glück.

Das Leben ist immer nah.
Aber suchende Augen
schauen gern in die Ferne.

Es ist schöner zu lieben,
als geliebt zu werden,
aber das wirklich Wunderbare
beginnt erst dort, wo zwei Seelen
sich gleichermaßen lieben
und in ihrer Liebe füreinander
ganz und gar aufgehen.

Wer mit reinem Herzen
und tiefer Zuversicht versucht,
das scheinbar Unmögliche
möglich zu machen,
dem gibt das Leben gern
die nötige Kraft dafür.

Alles ist bunt,
wenn ich fröhlich bin.
Alles ist grau,
wenn ich traurig bin.
Ich bestimme
die Farben meiner Umgebung.

Je mehr wir lieben,
desto mehr leben wir.
Jeder offene Blick,
jede intensive Umarmung,
jede liebevolle Begegnung ist ein Sieg
über innere Leblosigkeit.

Lebendig bleiben heißt,
immer für eine Überraschung gut zu sein,
anderen gegenüber
wie sich selbst.

Geistreich ist ein Mensch dann,
wenn er andere geistig bereichern kann.

Weisheit ist
die Intelligenz der Seele.

Magische Momente –
wie sehr ich für euch lebe:
Wenn die Zeit sich vergißt
und das Sein klare Antwort
und Geheimnis zugleich ist,
überwältigend unfaßbar
und doch zum Greifen nah –
dann bin ich angekommen,
vom reinen Leben angenommen.

Der schönste Sinn unseres Lebens ist,
möglichst viel Glück zu erleben,
es zu genießen und mit anderen zu teilen,
denn geteiltes Glück ist doppeltes Glück.

Man kann selbst
scheinbar unwichtigen Handlungen
Bedeutsamkeit verleihen,
wenn man sie mit ganzer Aufmerksamkeit
ausführt, zelebriert – wenn man sie lebt.

Ans Licht

Sag deiner Seele,
sie soll ihr
schönstes Kleid tragen
heute abend.
Sag ihr, es ist soweit:
Die Sterne haben
ihren Segen gegeben.
Was nun geschieht,
führt näher ans Licht.

Im Meer der Liebe
kannst du nur schwimmen,
wenn du bereit bist,
alle Ängste abzulegen,
vor allem die Angst
vor dem Ertrinken.

Die Zeit füllen

Beschwingt von
Augenblick zu Augenblick tanzen,
mit Heiterkeit die gute Zeit füllen,
von innen lächelnd mit dem Leben flirten,
in magischer Musik baden,
die Zeit gut füllen.

Wirklich reich ist,
wer mehr Träume
in seiner Seele hat,
als die Realität
zerstören kann.

Flüsternde Blätter

Schattenspendender Baum,
schmeichelndes Sonnenlicht.
Blätter flüstern im Wind,
versprechen magische Abende
in Räumen, wo die Phantasie
die Wirklichkeit verführt.
Und die Zeit löst sich auf
in der Tiefe unsres Lächelns.

Geboren zu werden,
ist kein Verdienst.
Mensch zu werden,
ist das allergrößte.

Gehe möglichst sorglos
und offen in den neuen Tag,
begrüße ihn ohne Vorurteile
und sei immer darauf gefaßt,
daß etwas Unfaßbares geschieht.

Allen Begegnungen und Situationen
das Beste abgewinnen kann nur jemand,
der keine Forderungen an sie stellt.

Freue dich nicht
allzu sehr auf Ereignisse,
die vielleicht nicht eintreten.
Hab keine Angst vor Problemen,
die vielleicht gar nicht entstehen.
Öffne die Tür, wenn du vor ihr stehst.

Liebe ist immer größer
als alle Vorstellungen,
die wir uns von ihr machen.

Aus dem Unwesentlichen
ins Wesen des Lebens geht die Reise,
aus der Sprache ins Unsagbare,
aus dem Scheinbaren ins Eigentliche.
Und jeder muß seinen eigenen Weg finden.

Beim Reisen empfiehlt sich
prinzipiell eine langsame Gangart,
damit die Eindrücke genug Zeit haben,
sich zu setzen und in die Seele zu sinken,
um dort ihre Wirkung zu entfalten.

Folge immer deiner Seele,
auch wenn ihr Weg
dir manchmal ein Rätsel ist.

Nur was man dir mit Liebe gibt,
kann deine Seele erreichen.
Alle anderen Geschenke,
so schön sie auch sein mögen,
werden nicht dein Innerstes berühren.

Die wichtigsten Siege und Fortschritte
werden in der eigenen Seele erzielt.

Hab Freude an dir,
und du wirst eine Freude
für andere Menschen sein.

Ein Herz, das sich weit öffnet,
entfaltet eine solche Weisheit,
daß der hellste Kopf
sich daneben ausnimmt
wie ein Kerzenlicht im Sonnenschein.

Wer das Glück
nicht in sich selbst findet,
der findet es nirgendwo.

In diesem Moment kannst du
die Wahrheit erkennen,
das Leben spüren,
den Sinn berühren –
nur in diesem Moment!
Also verlasse ihn niemals.

Das Leben ist
ein Geschenk an uns,
das wir täglich aufs neue
mit Freude empfangen,
entdecken und verstehen sollten.
Das Leben hat täglich Geburtstag.

Wenn du nicht
an dein Glück glaubst,
wird es nicht den Weg
zu dir finden.
Dein Glaube ist sein Kompaß,
der es zu dir führt.

Der Glückliche sucht nicht –
weil er gefunden hat.

Lebe den guten Augenblick,
genieße das schöne Gefühl,
vertage das Lebenswerte nie auf morgen.
Morgen kommt zu spät.

Das wahre Leben ereignet sich
immer in der Gegenwart.
Nur in der Tiefe des Augenblicks
findest du den Sinn des Lebens.

Folge deiner inneren Stimme.
Und wenn du zwei
widersprüchliche Stimmen hörst,
folge der, die sanfter klingt,
weiser und gelassener –
folge der besseren.

Laß dich in die Ruhe sinken,
bis die Ruhe in dich sinkt
und dir Mut und Kraft gibt.

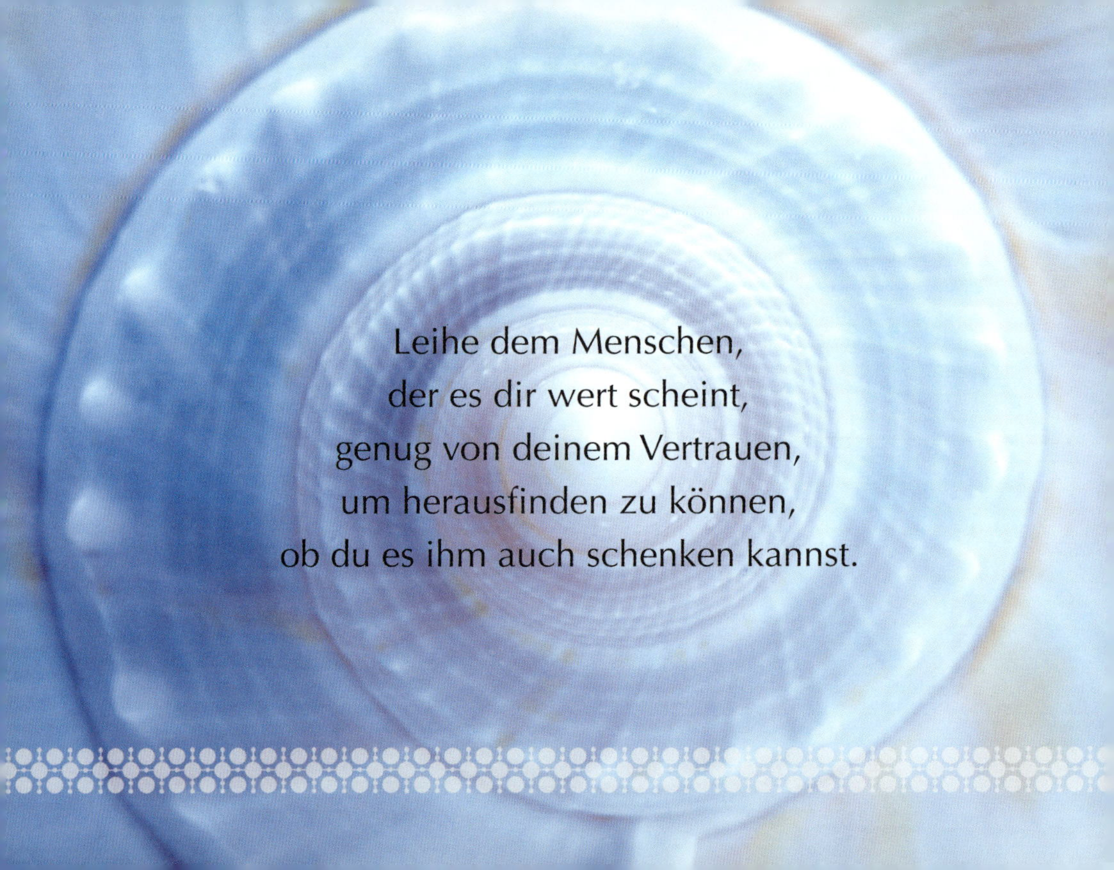

Leihe dem Menschen,
der es dir wert scheint,
genug von deinem Vertrauen,
um herausfinden zu können,
ob du es ihm auch schenken kannst.

Man muß sein Schicksal lieben,
damit es sich so glücklich
wie möglich entfalten kann.

Heute sah ich
den ersten Schmetterling des Jahres –
ein Pfauenauge.

Er flog in hohem Tempo
auf mich zu
und dann links an mir vorbei,
als hätte er es eilig.

Dabei war er schon der erste!

Ein wichtiges Element
der Lebenskunst ist die Fähigkeit,
das Leben nicht zu ernst zu nehmen,
aber ernst genug, wenn es ernst wird.

Das Unverhoffte
bringt oft die Lösung,
denn die Erwartung
schafft manchmal
das Problem.

Ich habe nur, was ich bin.

Zum Glück
braucht das Glück
zu seinem Glück
nichts
als sich selbst.

Wer das Leben liebt,
ist jemand, dem das Leben gern
Glück und Freude gibt.

Selbst eine schmutzige Pfütze,
in der Öl schwimmt, kann faszinieren,
wenn Sonnenschein darauf fällt.

Koste dein Glück und deine Freuden ganz aus,
gerade weil sie vergänglich sind.

Wir brauchen
das Wasser der Freundlichkeit,
um den Durst unserer Herzen
nach Zuneigung stillen zu können.

*Nur wer seine Ängste überwindet,
kann die befreiende Erfahrung machen,
daß er diese Ängste nie hätte haben müssen.*

Paradies: Ort, wo Menschen die Liebe
ernster nehmen als sich selbst.

Wie schön

Wer hätte gedacht,
wie schön das ist,
wenn die Gedanken
nichts mehr zu denken haben,
weil die Gefühle sich so gut fühlen.

Den richtigen Platz
finden und ausruhen.
Alles zu sich kommen lassen.
Und erst von dort fortgehen,
wenn der Glanz des Lebens
aus dem eigenen Inneren leuchtet.

Zum Heiteren
gesellt sich Heiterkeit,
zum Liebevollen
kommt die Zärtlichkeit,
die glückliche Seele
erlebt Glückseligkeit.

Im scheinbar
grundlosen Lächeln
offenbart sich
die Natur der Seele.

Vielleicht ein Lächeln

Das Glück wird erst kommen,
wenn es sich nach mir sehnt.

Ich muß ihm etwas bieten –
vielleicht ein Lächeln
der Vorfreude auf sein Kommen.

Es fühlt sich
zu Optimisten hingezogen.

Was du verlangst,
macht dich zum Bettler.
Was man dir gern gibt,
macht dich reich.

Weisheit ist die Frucht
eines intensiv, mutig
und bewußt gelebten Lebens.

Jeder neue Tag
ist eine neue Chance,
sich selbst zu begegnen,
bei sich zu bleiben
und mit sich zu gehen.

Liebeserklärung

Ich atme den Augenblick ein –
– seinen Duft, seine Frische, seine Einmaligkeit.
Ich schmecke seine Heiterkeit,
genieße seinen Zauber,
fließe mit seiner Musik.
Ich liebe den Augenblick.
Und er spürt es.
Vielleicht liebt er deshalb auch mich.

Hör auf zu suchen, hör auf zu wünschen.
Entspanne dich ins Leben hinein.
Das ist ein guter Weg ins Finden,
in die Erfüllung, die Wunschlosigkeit.

Alles Wesentliche
geschieht von selbst.
Haare wachsen nicht schneller,
wenn man an ihnen zieht.

Es gibt eigentlich
keine größere Weisheit,
als in jedem schönen Moment,
den das Leben uns schenkt,
so aufzugehen,
als sei es der letzte.

Vorstellungen sind oft nur
selbstauferlegte Grenzen
auf dem Weg zu
immer höheren Erfahrungen.

Gehe mit deiner Eingebung,
nicht mit deinem Verstand,
wenn es um Wesentliches geht.

Das Glück ist wie dein eigener Atem.
Es ist immer anwesend, immer zugänglich.

Liebe zu einem anderen
Menschen entdecken heißt,
sein Schicksal mit dem
des Geliebten zu verbinden –
und vielleicht zu erkennen,
daß es schon immer damit verbunden war.

Folge deiner Sehnsucht,
traue deinen Träumen –
und deine Wünsche
nähern sich ihrer Erfüllung.

Der beste Umgang mit dem Alltag
besteht darin, sich von seinen
unangenehmen Seiten nicht bedrücken
und von seinen angenehmen Seiten
beglücken zu lassen.

Sag den Menschen,
die du magst und liebst,
lieber dreimal zu viel
als einmal zu wenig,
daß sie dir viel bedeuten
und daß dein Leben
ärmer wäre ohne sie.

Möchtest du sehen,
schließ die Augen!
Willst du gewinnen,
laß das Kämpfen sein!
Möchtest du träumen,
hör auf zu schlafen!
Willst du fliegen,
laß dich fallen!

Sei freundlich zu den Gleichgültigen,
und du wirst sehen,
daß deine Freundlichkeit sie ansteckt.
Sei herzlich zu den Ängstlichen,
und du wirst merken,
daß deine Herzlichkeit ihnen Mut macht.

Manchmal muß man,
so schwer es auch fällt,
das Gute aufgeben,
um das Bessere
nicht zu verlieren.

Wenn du dich einsam fühlst,
erinnere dich daran,
daß du dein eigener Freund bist.

Die feinsten und zartesten
Blüten der Liebe
öffnen sich nur im Sonnenschein
problemfreier Muße.

Umarme die Gegenwart!
Gehe ins Herz des Augenblicks!
Und das Morgen wird zum Heute,
das Irgendwo und Irgendwann
zum Hier und Jetzt,
das Wissen zur Weisheit.

Letztlich zählt das Handeln,
nicht das Wollen –
das Geschehen,
nicht die Möglichkeiten.
Letztlich zählt der Mut,
nicht der gute Vorsatz –
der Sprung, nicht das Hindernis.

Du lebst nicht, um zu leiden.
Und die Freude,
die du in dir fühlst,
hast du dir verdient.

Lebenskunst ist die Fähigkeit,
das Haus seines Lebens so einzurichten,
daß sich das Glück dort wohlfühlt.

Uhrenvergleich

Ich nehme mir Zeit.
Ich ruhe mich aus.
Die rastlose Uhr an der Wand
kann mich nicht täuschen.
Meine innere Uhr zeigt
ständige Gegenwart an.

Alles, was geschieht,
geschieht hier und jetzt.

Glück ist nicht
eine Folge des äußeren,
sondern des inneren Wohlstands
eines Menschen –
des Reichtums seiner Seele,
der Tiefe seines Empfindens,
der Schönheit seines Wesens,
der Weite seines Herzens.

Nur wer das Höchste sucht,
kann das Tiefste finden.
Nur wer bis zum Äußersten geht,
kann ins Innerste gelangen.

Wenn wir nicht
mehr denken können,
weil wir so sehr
das Leben genießen,
das uns durchströmt –
sind wir dann nicht
undenkbar glücklich?

Ich wünsche dir das,
wofür es keine Worte gibt,
was dich sprachlos macht
vor lauter Glück,
was die Gedanken
stillstehen läßt –

und der Augenblick
wird zum Seelenfest.

Das Segelschiff deines Lebens
ist den Winden
des Schicksals ausgeliefert,
aber wie du das Steuer führst,
liegt in deinen Händen.

Begegne allen
Widrigkeiten
mit Gelassenheit,
und du wirst
die Balance bewahren,
die du brauchst,
um die Glücksmomente
auszukosten,
die das Leben dir schenkt.

Sei immer darauf gefaßt,
einem Menschen zu begegnen,
der dir so viel Gutes gibt,
daß er dich damit für all
deine Enttäuschungen
entschädigt.

Gestalte jeden neuen Tag
im Bewußtsein seiner Einmaligkeit
und mit wachen Sinnen
für seine versteckten Schönheiten,
seine Möglichkeiten und Überraschungen.

Koste dein Glück und deine Freuden ganz aus,
gerade weil sie vergänglich sind.

Dieser Augenblick,
nicht der vergangene
oder der kommende,
der jetzige Augenblick
ist die Tür ins Glück.

Wo die Natur in Frieden gelassen wird,
findet der Mensch in ihr Frieden
und Weite des Bewußtseins.

Du lebst richtig,
wenn du auf die Frage,
wie du heute leben würdest,
wenn du morgen sterben müßtest,
antworten kannst: so wie gestern.

Echte Liebe ist
durch nichts zu zerstören,
schon gar nicht dadurch,
daß man sie verschwendet.

Gegensätze
ziehen sich an.
Doch nur zwei,
die aus einem
Holz geschnitzt sind,
können wie ein
Feuer brennen.

Man muß nicht weise sein,
um weise Gedanken zu haben.
Aber man muß weise sein,
um sie in Leben umzusetzen.

Wir alle machen Fehler,
manchmal auch große.
Es kommt darauf an,
aus ihnen zu lernen,
anstatt sie und sich selbst
immer wieder zu bedauern.

Glück

Tee mit Honig trinken
und Musik hören,
das ist Glück.
Sich freuen
über einen Freund,
weil er sich
über Kleinigkeiten freut,
das ist Glück.
Nichts wollen,
wunschlos sein,
das ist Glück.

Ob ein Mensch
dein Vertrauen verdient,
kannst du manchmal
nur herausfinden,
wenn du so mutig bist,
es ihm zu schenken.

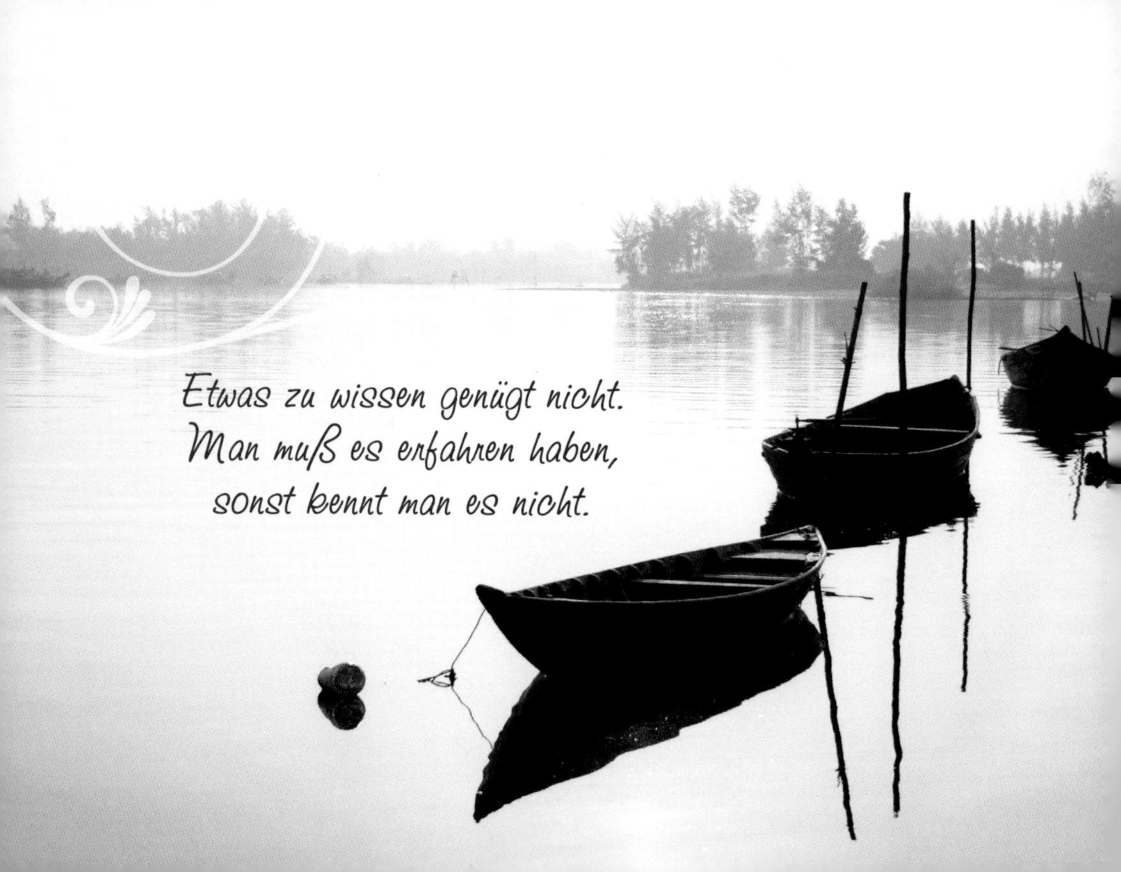

Etwas zu wissen genügt nicht.
Man muß es erfahren haben,
sonst kennt man es nicht.

Laß die Hoffnung
siegen über die Angst.
Laß das Vertrauen
siegen über die Ungewißheit.
Und deine Liebe wird
siegen über deine Zweifel.

Ein paar Minuten,
in denen die Seele vor Freude tanzt,
sind kostbarer als ein paar Stunden,
in denen der Körper in Genüssen schwelgt.

Ein Freund ist ein Mensch,
in dessen Nähe
man laut denken
und lautlos reden kann.

Dein Leben gehört dir allein.
Wenn du nicht
das Beste daraus machst,
wer soll es für dich tun?

Weil der Bambus
so biegsam ist,
übersteht er
den wilden Sturm,
der große Bäume
entwurzelt.

Sprache ist Zauber.
Wer ihn kennt, kann verwandeln –
oder sich verwandeln lassen.

Man hat keine Wahrheit gefunden,
wenn man durch sie Liebe verliert.
Man hat keine Schönheit entdeckt,
wenn sie nicht Liebe erweckt.

Nur Wärme kann Wärme erzeugen.
Nur Offenheit öffnet die Herzen.
Nur Freundlichkeit befreit den Alltag
von seiner Alltäglichkeit.

Unterwegs zu sich selbst
ist man ein Leben lang
jeden Tag aufs neue.
Und in den Momenten
wunschlosen Glücks
ist man bei sich angekommen.

Das Lächeln, das niemand sieht,
ist immer echt.
Das Lachen, das keiner hört,
ist immer wahr.

Sei so, wie du gemeint bist,
laß dich nicht verbiegen,
bleib deiner Seele treu –
und das Glück wird dein Freund sein.

Die ernüchternde Wahrheit
ist letztendlich besser
als die berauschende Illusion.
Doch nichts ist besser
als die berauschende Wahrheit.

Um Weisheit zu finden,
muß man schon
ein bißchen verrückt sein.
Denn sie liegt nicht
auf den Wegen,
die der Normale geht.

Es ist hundert Mal besser,
unsicher zu gehen
als an den Krücken
trügerischer Sicherheiten.

Weisheit kommt nicht aus Büchern,
sondern aus der Seele –
aber gute Bücher können dabei helfen,
die Weisheit der Seele zu finden.

Wer seine Glücksgefühle
nicht für sich behalten kann,
ist wie ein Fluß,
der ödes Land
fruchtbar macht.

Immer sollte die Angst,
daß etwas Gutes nicht beginnt,
größer sein als die Angst,
daß es einmal enden wird.

Man kann nicht alles bekommen,
was man sich wünscht.
Aber man kann lernen,
seinen Willen nicht so ernst zu nehmen.

Wem das Leben glückt,
der ist auch immer leicht verrückt.
Denn so ganz unversponnen
hat wohl noch niemand Glück gewonnen.

Frieden ist eine Kunst, die im Herzen eines jeden Menschen keimt und wächst, und deren Frucht Liebesfähigkeit heißt.

Wer ziellos geht,
findet den besten Weg.
Wer absichtslos handelt,
handelt in bester Absicht.
Wer nichts berechnet,
erzielt den größten Gewinn.

Denke in schönen Stunden
nie an ihre Vergänglichkeit –
dazu eignen sich die schlechten.

Offen und lebendig bleibt der Mensch,
der sich mit dem bunten Schirm
neugieriger Lebenslust
gegen den Regen der Routine schützt.

Sehnsucht ist die Kraft,
die uns hoffen
und träumen läßt –
und uns den Mut gibt,
das Unmögliche zu versuchen,
um das Mögliche zu finden.

Es liegt eine Weisheit
in der Unvernunft,
die sich die Vernunft
nicht träumen läßt,
zumal sie nicht träumen kann.

Die besten
Liebesgedichte sind die,
welche aus Sprachlosigkeit
nicht geschrieben werden
können.

Das Leben ist
voller Heiterkeit,
wenn wir die Heiterkeit
in unserem Herzen
nicht verlieren.

*Im Grunde sind es nicht
so sehr unsere Erfahrungen,
die uns zu dem machen,
was wir sind, sondern das,
was wir aus ihnen machen.*

Inneren Reichtum vermehrt man
am schönsten, indem man ihn
mit anderen teilt –
in einer Atmosphäre der Liebe.

In der Liebe werden alle Fragen
zu einer Antwort,
die nur das Schweigen geben kann.

In den Augen der Liebenden rückt alles
seinem wirklichen Wesen näher,
findet alles zu sich nach Hause.

Das Leben ist
eine Führung zu uns selbst,
wenn wir vertrauensvoll
genug sind, uns führen zu lassen.

Erfüllung kommt gerne dann,
wenn wir die Hoffnung
auf ihr Kommen verloren haben.

Du kannst einem Menschen,
der nicht sieht, was er mit dir
erleben kann, dein Herz leihen,
aber nicht dein Sehvermögen.

Weisheit ist die Fähigkeit,
das Wesentliche zu erkennen
und in tägliches Leben
umzusetzen.

Liebe ist größer als jedes Bild,
das wir uns von ihr machen können,
und wir finden sie meistens dann,
wenn wir sie nicht suchen.